AF596863

ORAISON FUNEBRE DE HENRIETTE ANNE D'ANGLETERRE, DUCHESSE D'ORLEANS.

PRONONCÉE A SAINT DENIS le 21. jour d'Aoust 1670.

Par Messire JACQUES BENIGNE BOSSUET, Conseiller du Roi en ses Conseils, Evêque de Condom, Précepteur de Monseigneur LE DAUPHIN.

SECONDE EDITION.

A PARIS,
Chez SEBASTIEN MABRE-CRAMOISY, Imprimeur du Roy, ruë Saint Jacques, aux Cicognes.

M. DC. LXXI.

Avec Privilége de Sa Majesté

ORAISON FUNEBRE DE HENRIETTE ANNE D'ANGLETERRE, DUCHESSE D'ORLEANS.

Vanitas vanitatum, dixit Ecclesiastes : vanitas vanitatum, & omnia vanitas. *Ecc. I.*

Vanité des vanitez, a dit l'Ecclesiaste : vanité des vanitez, & tout est vanité.

MONSEIGNEUR, *Monsieur le Prince.*

J'étois donc encore destiné à rendre ce devoir funébre à tres-Haute & tres-Puissante Princesse HENRIETTE ANNE

D'ANGLETERRE, DUCHESSE D'ORLEANS. Elle, que j'avois vûë ſi attentive, pendant que je rendois le même devoir à la Reine ſa Mere, devoit être ſi-tôt-aprés le ſujet d'un diſcours ſemblable ; & ma triſte voix étoit reſervée à ce déplorable miniſtere. O vanité ! ô neant ! ô mortels ignorans de leurs deſtinées ! L'eût-elle crû il y a dix mois ? Et vous, MESSIEURS, euſſiez-vous penſé, pendant qu'elle verſoit tant de larmes en ce lieu, qu'elle deût ſi-tôt vous y raſſembler, pour la pleurer elle-même ? PRINCESSE, le digne objet de l'admiration de deux grands Roiaumes, n'étoit-ce pas aſſez que l'Angleterre pleurât vôtre abſence, ſans être encore réduite à pleurer vôtre mort ? Et la France, qui vous revit avec tant de joie, environnée d'un nouvel éclat, n'avoit-elle plus d'autres pompes & d'autres triomphes pour vous, au retour de ce voiage fameux, d'où vous aviez remporté tant de gloire, & de ſi belles eſperances? *Vanité des vanitez, & tout eſt vanité.* C'eſt la ſeule parole qui me reſte; c'eſt la ſeule reflexion que me permet, dans un accident ſi étrange, une ſi juſte & ſi ſenſible douleur. Auſſi n'ai-je point parcouru les Livres ſacrez, pour y trouver quelque texte que je pûſſe appliquer à cette Princeſſe. J'ai pris ſans étude & ſans choix les premieres paroles que me préſente l'Eccleſiaſte, où quoi que la vanité ait été ſi ſouvent nommée, elle ne l'eſt pas encore aſſez à mon gré pour le deſſein que je me propoſe. Je veux dans un ſeul malheur déplorer toutes les calamitez du genre humain, & dans une ſeule mort faire voir la mort & le néant de toutes les grandeurs humaines. Ce texte qui convient à tous les états & à tous les évenemens de nôtre vie, par une raiſon particuliére devient propre à mon lamentable sujet; puisque jamais les vanitez de la terre n'ont été si clairement découvertes, ni si hautement confonduës. Non, aprés ce que nous venons de voir, la santé n'est qu'un nom, la vie n'est qu'un songe, la gloire n'est qu'une apparence, les graces & les plaisirs ne sont qu'un dangereux amusement: tout est vain en nous, excepté le sincere aveu que nous faisons devant Dieu de nos vanitez, & le jugement arrêté qui nous fait mépriser tout ce que nous sommes.

Mais dis-je la verité? L'homme, que Dieu a fait à son image, n'est-il qu'une ombre? Ce que Jesus-Christ est venu chercher du Ciel en la Terre, ce qu'il a crû pouvoir, sans se ravilir, acheter de tout son Sang, n'est-ce qu'un rien? Reconnoissons nôtre erreur. Sans doute ce triste spectacle des vanitez humaines nous imposoit; & l'espérance publique, fruſtrée tout à coup par la mort de cette Princeſſe, nous pouſſoit trop loin. Il ne faut pas permettre à l'homme de ſe mépriſer tout entier, de peur que croiant avec les impies, que nôtre vie n'eſt qu'un jeu où regne le hazard, il ne marche ſans regle & ſans conduite au gré de ſes aveugles deſirs. C'eſt pour cela que l'Eccleſiaſte, aprés avoir commencé ſon divin ouvrage par les paroles que j'ai recitées, aprés en avoir rempli toutes les pages du mépris des choſes humaines, veut enfin montrer à l'homme quelque choſe de plus ſolide, & conclut tout ſon diſcours, en lui diſant : *Crains Dieu, & garde ſes Commandemens ; car c'eſt là tout l'homme: & ſçache que le Seigneur examinera dans ſon Jugement tout ce que nous aurons fait de bien & de mal.* Ainſi tout eſt vain en l'homme, ſi nous regardons ce qu'il donne au monde ; mais au contrai-

Deum time, & mãdata ejus obſerva ; hoc eſt enim omnis homo : & cuncta quæ fiũt, adducet Deus in judiciũ, ſive bonũ, ſive malũ illud ſit. *Eccl.* 12. 13. 14.

re, tout eſt important, ſi nous conſidérons ce qu'il doit à Dieu. Encore une fois, tout eſt vain en l'homme, ſi nous regardons le cours de ſa vie mortelle ; mais tout eſt précieux, tout eſt important, ſi nous contemplons le terme où elle aboutit, & le compte qu'il en faut rendre. Méditons donc aujourd'hui à la veuë de cét Autel & de ce Tombeau, la premiére & la derniére parole de l'Eccléſiaſte ; l'une qui montre le néant de l'homme ; l'autre qui établit ſa grandeur. Que ce Tombeau nous convainque de nôtre néant, pourveû que cét Autel, où l'on offre tous les jours pour nous une victime d'un ſi grand prix, nous apprenne en même temps nôtre dignité. La Princeſſe que nous pleurons ſera un témoin fidele de l'un & de l'autre. Voions ce qu'une mort ſoudaine lui a ravi ; voions ce qu'une ſainte mort lui a donné. Ainſi nous apprendrons à mépriſer ce qu'elle a quitté ſans peine, afin d'attacher toute nôtre eſtime à ce qu'elle a embraſſé avec tant d'ardeur, lors que ſon ame épurée de tous les ſentimens de la terre, & pleine du Ciel où elle touchoit, a vû la lumiére toute manifeſte. Voilà les veritez que j'ai à traiter, & que j'ai crû dignes d'être propoſées à vn ſi grand Prince, & à la plus illuſtre Aſſemblée de l'Univers.

Nous mourons tous, diſoit cette femme, dont l'Ecriture a loüé la prudence au ſecond Livre des Rois; *& nous allons ſans ceſſe au tombeau, ainſi que des eaux qui ſe perdent ſans retour.* En effet, nous reſſemblons tous à des eaux courantes. De quelque ſuperbe diſtinction que ſe flattent les hommes, ils ont tous vne même origine; & cette origine eſt petite. Leurs années ſe pouſſent ſucceſſivement, comme des flots: ils ne ceſſent de s'écouler; tant qu'en-

Omnes morimur, & quaſi aquæ dilabimur in terram, quæ non revertuntur. 2. *Reg.* 14. 14.

fin, aprés avoir fait vn peu plus de bruit, & traverſé vn peu plus de païs les vns que les autres, ils vont tous enſemble ſe confondre dans vn abîme, où l'on ne reconnoît plus ni Princes, ni Rois, ni toutes ces autres qualitez ſuperbes qui diſtinguent les hommes ; de même que ces fleuves tant vantez demeurent ſans nom & ſans gloire, mêlez dans l'Ocean avec les riviéres les plus inconnuës.

Et certainement, MESSIEURS, ſi quelque choſe pouvoit élever les hommes au deſſus de leur infirmité naturelle ; ſi l'origine, qui nous eſt commune, ſouffroit quelque diſtinction ſolide & durable entre ceux que Dieu a formez de la même terre : qui auroit-il dans l'Univers de plus diſtingué que la Princeſſe dont je parle ? Tout ce que peuvent faire non ſeulement la naiſſance & la fortune, mais encore les grandes qualitez de l'eſprit pour l'élevation d'vne Princeſſe, ſe trouve raſſemblé, & puis anéanti dans la noſtre. De quelque côté que je ſuive les traces de ſa glorieuſe origine, je ne découvre que des Rois, & par tout je ſuis ébloüi de l'éclat des plus Auguſtes Couronnes. Je vois la Maiſon de France, la plus grande, ſans comparaiſon, de tout l'Univers; & à qui les plus puiſſantes Maiſons peuvent bien ceder ſans envie, puis qu'elles tâchent de tirer leur gloire de cette ſource. Je vois les Rois d'Ecoſſe, les Rois d'Angleterre, qui ont regné depuis tant de ſiécles ſur vne des plus belliqueuſes Nations de l'Univers, plus encore par leur courage, que par l'autorité de leur Sceptre. Mais cette Princeſſe née ſur le Trône, avoit l'eſprit & le cœur plus hauts que ſa naiſſance. Les malheurs de ſa maiſon n'ont pû l'accabler dans ſa premiére jeuneſſe; & deſlors on voioit en elle une grandeur qui ne devoit rien à la fortune. Nous diſions avec joie, que le Ciel l'avoit arrachée, comme par miracle, des mains des ennemis du Roi ſon pere, pour la donner à la France : don précieux, ineſtimable preſent, ſi ſeulement la poſſeſſion en avoit été plus durable ! Mais pourquoi ce ſouvenir vient-il m'interrompre ? Helas, nous ne pouvons un moment arrêter les yeux ſur la gloire de la Princeſſe, ſans que la mort s'y mêle auſſi-tôt pour tout offuſquer de ſon ombre ! O mort, éloigne toi de nôtre penſée ; & laiſſe nous tromper pour un peu de temps la violence de nôtre douleur, par le ſouvenir de nôtre joie. Souvenez-vous donc, MESSIEURS, de l'admiration que la Princeſſe d'Angleterre donnoit à toute la Cour. Vôtre memoire vous la peindra mieux avec tous ſes traits & ſon incomparable douceur, que ne pourront jamais faire toutes mes paroles. Elle croissoit au milieu des benedictions de tous les peuples ; & les années ne cessoient de lui apporter de nouvelles graces. Aussi la Reine sa Mere, dont elle a toûjours été la consolation, ne l'aimoit pas plus tendrement que faisoit ANNE d'Espagne. ANNE, vous le sçavez, MESSIEURS, ne trouvoit rien au dessus de cette Princesse. Aprés nous avoir donné une Reine, seule capable par sa pieté, & par ses autres vertus Roiales, de soûtenir la réputation d'une Tante si illustre ; elle voulut, pour mettre dans sa famille ce que l'Univers avoit de plus grand, que PHILIPPE DE FRANCE son second fils épousât la Princesse HENRIETTE : & quoi que le Roi d'Angleterre, dont le cœur égale la sagesse, sceût que la Princesse sa sœur, recherchée de tant de Rois, pouvoit honorer un Trône, il lui vit remplir avec joie la seconde place de France, que la dignité d'un ſi grand Roiaume peut mettre en comparaiſon avec les premiéres du reſte du monde.

Que ſi ſon rang la diſtinguoit, j'ai eû raiſon de vous dire qu'elle étoit encore plus diſtinguée par ſon merite. Je pourrois vous faire remarquer qu'elle connoiſſoit ſi bien la beauté des Ouvrages de l'eſprit, que l'on croioit avoir atteint la perfection, quand on avoit ſceû plaire à MADAME. Je pourrois encore ajoûter, que les plus ſages & les plus experimentez admiroient cét eſprit vif & perçant, qui embraſſoit ſans peine les plus grandes affaires, & penetroit avec tant de facilité dans les plus ſecrets intéreſts. Mais pourquoi m'étendre ſur une matiére où je puis tout dire en un mot? Le Roi, dont le jugement eſt une regle toûjours ſûre, a eſtimé la capacité de cette Princeſſe, & l'a miſe par ſon eſtime au deſſus de tous nos éloges.

Cependant, ni cette eſtime, ni tous ces grands avantages, n'ont pû donner atteinte à ſa modeſtie. Toute éclairée qu'elle étoit, elle n'a point préſumé de ſes connoiſſances ; & jamais ſes lumiéres ne l'ont éblouïe. Rendez témoignage à ce que je dis, vous que cette grande Princeſſe a honorez de ſa confiance. Quel eſprit avez-vous trouvé plus élevé ? Mais quel eſprit avez-vous trouvé plus docile ? Pluſieurs dans la crainte d'être trop faciles, ſe rendent infléxibles à la raiſon, & s'affermiſſent contre elle. MADAME s'éloignoit toûjours autant de la préſomption que de la foibleſſe ; également eſtimable, & de ce qu'elle ſçavoit trouver les ſages conſeils, & de ce qu'elle étoit capable de les recevoir. On les ſçait bien connoître, quand on fait ſerieuſement l'étude, qui plaiſoit tant à cette Princeſſe. Nouveau genre d'étude, & preſque inconnu aux personnes de son âge & de son rang; ajoûtons, si vous voulez, de son sexe. Elle étudioit ses defauts; elle aimoit qu'on lui en fît des leçons sincéres : marque assûrée d'une ame forte, que ses fautes ne dominent pas, & qui ne craint point de les envisager de prés, par une secrette confiance des ressources qu'elle sent pour les surmonter. C'étoit le dessein d'avancer dans cette étude de sagesse, qui la tenoit si attachée à la lecture de l'Histoire, qu'on appelle avec raison la sage Conseillere des Princes. C'est là que les plus grands Rois n'ont plus de rang que par leurs vertus, & que dégradez à jamais par les mains de la mort, ils viennent subir sans cour & sans suite le jugement de tous les peuples & de tous les siécles. C'est là qu'on découvre que le lustre qui vient de la flaterie est superficiel; & que les fausses couleurs, quelque industrieusement qu'on les applique, ne tiennent pas. Là nôtre admirable Princeſſe étudioit les devoirs de ceux dont la vie compoſe l'Hiſtoire : elle y perdoit inſenſiblement le goût des Romans, & de leurs fades Héros ; & ſoigneuſe de ſe former ſur le vrai, elle mépriſoit ces froides & dangereuſes fictions. Ainſi ſous un viſage riant, ſous cét air de jeuneſſe qui ſembloit ne promettre que des jeux, elle cachoit un ſens & un ſerieux, dont ceux qui traitoient avec elle étoient ſurpris.

Auſſi pouvoit-on ſans crainte lui confier les plus grands ſecrets. Loin du commerce des affaires, & de la ſocieté des hommes, ces ames ſans force, auſſi bien que ſans foi, qui ne ſavent pas retenir leur langue indiſcrette. *Ils reſſemblent*, dit le Sage, *à une ville ſans murailles, qui eſt ouverte de toutes parts*, & qui devient la proie du premier venu. Que MADAME étoit au deſſus de

Sicut urbs patens & abſq; murorum ambitu, ita vir qui non poteſt in loquendo cohibere ſpiritum ſuum. *Prov.* 25. 28.

cette foiblesse ! Ni la surprise, ni l'interest, ni la vanité, ni l'appas d'une flaterie délicate, ou d'une douce conversation, qui souvent épanchant le cœur, en fait échaper le secret, n'étoit capable de lui faire découvrir le sien ; & la sûreté qu'on trouvoit en cette Princesse, que son esprit rendoit si propre aux grandes affaires, lui faisoit confier les plus importantes.

Ne pensez pas que je veüille en interprete témeraire des sécrets d'Etat discourir sur le voiage d'Angleterre ; ni que j'imite ces politiques speculatifs, qui arrangent, suivant leurs idées, les Conseils des Rois, & composent, sans instruction, les Annales de leur siécle. Je ne parlerai de ce voiage glorieux, que pour dire que MADAME y fut admirée plus que jamais. On ne parloit qu'avec transport de la bonté de cette Princesse, qui malgré les divisions trop ordinaires dans les

Cours lui gagna d'abord tous les Esprits. On ne pouvoit assez louër son incroiable dextérité à traiter les affaires les plus délicates, à guerir ces défiances cachées qui souvent les tiennent en suspens, & à terminer tous les différends d'une maniére qui concilioit les interêts les plus opposez. Mais qui pourroit penser, sans verser des larmes, aux marques d'estime & de tendresse, que lui donna le Roi son frere ? Ce grand Roi, plus capable encore d'être touché par le merite, que par le sang, ne se lassoit point d'admirer les excellentes qualitez de MADAME. O plaie irrémédiable ! Ce qui fut en ce voiage le sujet d'une si juste admiration, est devenu pour ce Prince le sujet d'une douleur qui n'a point de bornes. PRINCESSE, le digne lien des deux plus grands Rois du monde, pourquoi leur avez vous été si-tôt ravie ? Ces deux grands Rois ſe connoiſſent ; c'eſt l'effet des ſoins de MADAME : ainſi leurs nobles inclinations concilieront leurs eſprits, & la vertu ſera entre eux une immortelle mediatrice. Mais ſi leur union ne perd rien de ſa fermeté, nous déplorerons éternellemtent qu'elle ait perdu ſon agrément le plus doux ; & qu'une Princeſſe ſi chérie de tout l'Univers ait été précipitée dans le tombeau, pendant que la confiance de deux ſi grands Rois l'élevoit au comble de la grandeur & de la gloire.

La Grandeur & la Gloire ? Pouvons-nous encore entendre ces noms dans ce triomphe de la mort ? Non, MESSIEURS, je ne puis plus ſoûtenir ces grandes paroles, par leſquelles l'arrogance humaine tâche de s'étourdir elle-même, pour ne pas appercevoir ſon néant. Il eſt temps de faire voir que tout ce qui eſt mortel, quoi qu'on ajoûte par le dehors pour le faire paroître grand, eſt par ſon fonds incapable d'élevation. Ecoutez à ce propos le profond raiſonnement, non d'un Philoſophe qui diſpute dans vne Ecole, ou d'un Religieux qui médite dans un Cloître : je veux confondre le monde par ceux que le monde même révere le plus, par ceux qui le connoiſſent le mieux, & ne lui veux donner pour le convaincre que des Docteurs aſſis ſur le Trône. *O Dieu!* dit le Roi Prophete, *vous avez fait mes jours meſurables, & ma ſubſtance n'eſt rien devant vous.* Il eſt ainſi, CHRETIENS; tout ce qui ſe meſure, finit, & tout ce qui eſt né pour finir, n'eſt pas tout-à-fait ſorti du néant où il eſt ſitôt replongé. Si nôtre être, ſi nôtre ſubſtance n'eſt rien, tout ce que nous bâtiſſons deſſus, que peut-il être? Ni l'édifice n'eſt plus ſolide que le fondement, ni l'accident attaché à l'être plus réel que l'être même. Pendant que la nature nous tient ſi bas, que

Ecce menſurabiles poſuiſti dies meos, & ſubſtantia mea tanquam nihilum ante te. *Pſal.* 38. 6.

peut faire la fortune pour nous élever ? Cherchez, imaginez parmi les hommes les differences les plus remarquables ; vous n'en trouverez point de mieux marquée, ni qui vous paroisse plus effective, que celle qui releve le victorieux au dessus des vaincus, qu'il voit étendus à ses pieds. Cependant, ce Vainqueur enflé de ses titres tombera lui-même à son tour entre les mains de la mort. Alors ces malheureux vaincus rappelleront à leur compagnie leur superbe triomphateur ; & du creux de leurs tombeaux sortira cette voix qui foudroie toutes les grandeurs : *Vous voila bleßé comme nous ; vous estes devenu semblable à nous.* Que la fortune ne tente donc pas de nous tirer du néant, ni de forcer la bassesse de nôtre nature.

Ecce tu vulneratus es, sicut & nos ; nostri similis effectus es. *Is.* 14. 10.

Mais peut-estre au défaut de la fortune, les qualitez de l'esprit, les grands desseins, les vastes pensées pourront nous distinguer du reſte des hommes. Gardez-vous bien de le croire, parce que toutes nos penſées, qui n'ont pas Dieu pour objet, ſont du domaine de la mort. *Ils mourront*, dit le Roi Prophete, *& en ce jour periront toutes leurs pensées*. C'eſt à dire les penſées des Conquerans, les penſées des Politiques, qui auront imaginé dans leurs cabinets, des deſſeins où le monde entier ſera compris : ils ſe ſeront munis de tous côtez par des précautions infinies ; enfin ils auront tout préveû, excepté leur mort, qui emportera en un moment toutes leurs penſées. C'eſt pour cela que l'Eccleſiaſte, le Roi Salomon fils du Roi David (car je ſuis bien aiſe de vous faire voir la ſucceſſion de la même doctrine dans un même Trône;) c'eſt, dis-je, pour cela que l'Eccleſiaſte faiſant le dénombrement des illuſions qui travaillent les enfans des hommes, y comprend la ſageſſe même. *Je me ſuis*, dit-il, *appliqué à la*

In illa die peribunt omnes cogitationes eorum *Pſ.* 145. 4.

Ecc. 2. 12. 15.

Sagesse, & j'ai veû que c'étoit encore une vanité; parce qu'il y a une fausse sagesse, qui se renfermant dans l'enceinte des choses mortelles, s'ensevelit avec elles dans le néant. Ainsi je n'ai rien fait pour MADAME, quand je vous ai representé tant de belles qualitez qui la rendoient admirable au monde, & capable des plus hauts desseins, où une Princesse puisse s'élever. Jusqu'à ce que je commence à vous raconter ce qui l'unit à Dieu, une si illustre Princesse ne paroîtra dans ce discours, que comme un exemple le plus grand qu'on se puisse proposer, & le plus capable de persuader aux ambitieux, qu'ils n'ont aucun moien de se distinguer, ni par leur naissance, ni par leur grandeur, ni par leur esprit, puisque la mort, qui égale tout, les domine de tous côtez avec tant d'empire, & que d'une main si prompte & si souveraine elle renverse les têtes les plus respectées.

Consi-

Conſiderez, MESSIEURS, ces grandes puiſſances que nous regardons de ſi bas. Pendant que nous tremblons ſous leur main, Dieu les frape pour nous avertir. Leur élevation en eſt la cauſe, & il les épargne ſi peu, qu'il ne craint pas de les ſacrifier à l'inſtruction du reſte des hommes. CHRE'TIENS, ne murmurez pas ſi MADAME a été choiſie pour nous donner une telle inſtruction. Il n'y a rien ici de rude pour elle, puiſque, comme vous le verrez dans la ſuite, Dieu la ſauve par le même coup qui nous inſtruit. Nous devrions être aſſez convaincus de nôtre néant: mais s'il faut des coups de ſurpriſe à nos cœurs enchantez de l'amour du monde, celui-ci eſt aſſez grand & aſſez terrible. O nuit deſaſtreuſe! ô nuit effroiable, où retentit tout à coup comme un éclat de tonnerre, cette étonnante nouvelle, MADAME ſe meurt, MADAME eſt morte.

Qui de nous ne ſe ſentit frapé à ce coup, comme ſi quelque tragique accident avoit deſolé ſa famille ? Au premier bruit d'un mal ſi étrange, on accourut à Saint Cloud de toutes parts ; on trouve tout conſterné, excepté le cœur de cette Princeſſe. Par tout on entend des cris, par tout on voit la douleur & le deſeſpoir, & l'image de la mort. Le Roi, la Reine, Monſieur, toute la Cour, tout le Peuple, tout eſt abatu, tout eſt deſeſperé ; & il me ſemble que je voi l'accompliſſement de cette parole du Prophete : *Le Roi pleurera, le Prince ſera deſolé, & les mains tomberont au Peuple de douleur & d'étonnement.*

Rex lugebit, & Princeps induetur mœrore, & manus populi terræ conturbabuntur. *Ezech.* 7. 27.

Mais & les Princes & les Peuples gemiſſoient en vain. En vain Monſieur, en vain le Roi même tenoit MADAME ſerrée par de ſi étroits embraſſemens. Alors ils pouvoient dire l'un & l'autre avec Saint Ambroiſe : *Stringebam*

Orat. de ob. Sat. fr.

brachia, sed jam amiseram quam tenebam; je serrois les bras, mais j'avois déja perdu ce que je tenois. La Princesse leur échapoit parmi des embrassemens si tendres, & la mort plus puissante nous l'enlevoit entre ces Roiales mains. Quoi donc, elle devoit perir si-tôt! Dans la pluspart des hommes, les changemens se font peu à peu, & la mort les prépare ordinairement à son dernier coup. MADAME cependant a passé du matin au soir, ainsi que l'herbe des champs. Le matin elle fleurissoit; avec quelles graces, vous le sçavez : le soir nous la vîmes seichée, & ces fortes expressions, par lesquelles l'Ecriture Sainte exagere l'inconstance des choses humaines, devoient être pour cette Princesse si précises, & si literales. Helas! nous composions son Histoire de tout ce qu'on peut imaginer de plus glorieux. Le passé & le présent nous garentissoient l'avenir, & on pouvoit tout attendre de tant d'excellentes qualitez. Elle alloit s'acquerir deux puiſſans Roiaumes, par des moiens agréables : toûjours douce, toûjours paiſible, autant que genéreuſe & bienfaiſante, ſon credit n'y auroit jamais été odieux ; on ne l'eût point veuë s'attirer la gloire avec une ardeur inquiéte & précipitée ; elle l'eût attenduë ſans impatience, comme ſûre de la poſſeder. Cét attachement qu'elle a montré ſi fidele pour le Roi juſques à la mort, lui en donnoit les moiens. Et certes, c'eſt le bonheur de nos jours, que l'eſtime ſe puiſſe joindre avec le devoir ; & qu'on puiſſe autant s'attacher au merite & à la perſonne du Prince, qu'on en révere la puiſſance & la Majeſté. Les inclinations de MADAME ne l'attachoient pas moins fortement à tous ſes autres devoirs. La paſſion qu'elle reſſentoit pour la gloire de MONSIEUR, n'avoit point de bornes. Pendant que ce grand Prince, marchant ſur les pas de ſon invincible frere, ſecondoit avec tant de valeur & de ſuccez, ſes grands & heroïques deſſeins dans la Campagne de Flandre, la joie de cette Princeſſe étoit incroiable. C'eſt ainſi que ſes genéreuſes inclinations la menoient à la gloire, par les voies que le monde trouve les plus belles : & ſi quelque choſe manquoit encore à ſon bonheur, elle eût tout gagné par ſa douceur & par ſa conduite. Telle étoit l'agréable Hiſtoire que nous faiſions pour MADAME ; & pour achever ces nobles projets, il n'y avoit que la durée de ſa vie, dont nous ne croyions pas devoir être en peine. Car qui eût pû ſeulement penſer que les années euſſent dû manquer à vne jeuneſſe qui ſembloit ſi vive ? Toutefois c'eſt par cét endroit que tout ſe diſſipe en un moment. Au lieu de l'Hiſtoire d'une belle vie, nous ſommes réduits à faire l'Hiſtoire d'une admirable, mais triſte mort. A la verité, MESSIEURS, rien n'a jamais égalé la fermeté de ſon ame, ni ce courage paiſible, qui ſans faire effort pour s'élever, s'eſt trouvé par ſa naturelle ſituation au deſſus des accidens les plus redoutables. Ouï, MADAME fut douce envers la mort, comme elle l'étoit envers tout le monde. Son grand cœur, ni ne s'aigrit, ni ne s'emporta contre elle. Elle ne la brave non plus avec fierté; contente de l'enviſager ſans émotion, & de la recevoir ſans trouble. Triſte conſolation, puiſque malgré ce grand courage nous l'avons perduë! C'eſt la grande vanité des choſes humaines. Aprés que par le dernier effet de nôtre courage nous avons pour ainſi dire ſurmonté la mort, elle éteint en nous juſqu'à ce courage, par lequel nous ſemblions la défier. La voilà, malgré ce grand cœur, cette Princesse si admirée, & si cherie; la voilà telle que la mort nous l'a faite : encore ce reste tel quel va-t-il disparoître : cette ombre de gloire va s'évanouïr ; & nous l'allons voir dépouillée même de cette triste décoration. Elle va descendre à ces sombres lieux, à ces demeures soûterraines, pour y dormir dans la poussiére avec les grands de la terre, comme parle Job ; avec ces Rois & ces Princes anéantis, parmi lesquels à peine peut-on la placer, tant les rangs y sont pressez, tant la mort est prompte à remplir ces places. Mais ici nostre imagination nous abuse encore. La mort ne nous laisse pas assez de corps pour occuper quelque place, & on ne voit là que les tombeaux qui fassent quelque figure. Nôtre chair change bien-tôt de nature: nôtre corps prend un autre nom; même celui de cadavre, dit Tertullien, parce qu'il nous montre

Cadit in originem terram, & cadaveris nomen, ex isto quo-

encore quelque forme humaine, ne lui demeure pas long-temps : il devient un je ne ſçai quoi, qui n'a plus de nom dans aucune langue ; tant il eſt vrai que tout meurt en lui, juſqu'à ces termes funébres, par leſquels on exprimoit ſes malheureux reſtes.

que nomine peritura, in nullum inde jam nomen, in omnis jam vocabuli mortem. *Tertul. de reſurr. carnis.*

C'eſt ainſi que la puiſſance divine, juſtement irritée contre nôtre orgueil, le pouſſe juſqu'au néant ; & que pour égaler à jamais les conditions, elle ne fait de nous tous qu'une même cendre. Peut-on bâtir ſur ces ruines ? Peut-on appuier quelque grand deſſein ſur ce débris inévitable des choſes humaines ? Mais quoi, MESSIEURS, tout eſt-il donc deſeſperé pour nous ? Dieu qui foudroie toutes nos grandeurs, juſqu'à les reduire en poudre, ne nous laiſſe-t-il aucune eſpérance? Lui, aux yeux de qui rien ne ſe perd, & qui ſuit toutes les parcelles de nos corps, en quelque endroit écarté du monde que la corruption, ou le hazard les jette, verra-t-il perir sans ressource ce qu'il a fait capable de le connoître & de l'aimer? Ici un nouvel ordre de choses se presente à moi: les ombres de la mort se dissipent: *les voies me sont ouvertes à la veritable vie:* MADAME n'est plus dans le tombeau: la mort qui sembloit tout détruire, a tout établi: voici le secret de l'Ecclesiaste, que je vous avois marqué dés le commencement de ce discours, & dont il faut maintenant découvrir le fonds.

Notas mihi fecisti vias vitæ. *Ps.* 15. 10.

Il faut donc penser, CHRETIENS, qu'outre le rapport que nous avons du côté du corps avec la nature changeante & mortelle, nous avons d'un autre côté un rapport intime, & une secrette affinité avec Dieu, parce que Dieu-même a mis quelque chose en nous, qui peut confesser la verité de son être, en adorer la perfection, en admirer la plenitude; quelque chose qui peut se soumettre à sa souveraine puissance, s'abandonner à sa haute & incompréhensible sagesse, se confier en sa bonté, craindre sa justice, esperer son éternité. De ce côté, MESSIEURS, si l'homme croit avoir en lui de l'élevation, il ne se trompera pas. Car comme il est nécessaire que chaque chose soit réünie à son principe, & que c'est pour cette raison, dit l'Ecclesiaste, *que le corps retourne à la terre, dont il a été tiré*; il faut par la suite du même raisonnement, que ce qui porte en nous la marque divine, ce qui est capable de s'unir à Dieu, y soit aussi rappellé. Or ce qui doit retourner à Dieu, qui est la grandeur primitive & essentielle, n'est-il pas grand & élevé? C'est pourquoi quand je vous ai dit, que la grandeur & la gloire n'étoient parmi nous que des noms pompeux, vuides de sens & de choses, je regardois le mauvais usage que nous

Revertatur pulvis ad terram suam, vnde erat. *Ecc. 12. 7.*

Spiritus redeat ad Deum, qui dedit illum. *Ibid.*

faiſons de ces termes. Mais pour dire la verité dans toute ſon étenduë, ce n'eſt ni l'erreur, ni la vanité qui ont inventé ces noms magnifiques ; au contraire, nous ne les aurions jamais trouvez, ſi nous n'en avions porté le fonds en nous-mêmes. Car où prendre ces nobles idées dans le néant? La faute que nous faiſons, n'eſt donc pas de nous être ſervis de ces noms ; c'eſt de les avoir appliquez à des objets trop indignes. Saint Chryſoſtome a bien compris cette verité, quand il a dit : *Gloire, richeſſes, nobleſſe, puiſſance, pour les hommes du monde ne ſont que des noms ; pour nous, ſi nous ſervons Dieu, ce ſeront des choſes : au contraire, la pauvreté, la honte, la mort, ſont des choſes trop effectives & trop réelles pour eux ; pour nous, ce ſont ſeulement des noms* ; parce que celui qui s'attache à Dieu ne perd ni ſes biens, ni ſon honneur, ni ſa vie. Ne vous étonnez donc pas ſi l'Eccle-

Hom. 19. in Matt.

siaste dit si souvent : *Tout est va-*
Ecc. 1. 3. 14. 11. 2. 17. *nité.* Il s'explique, *tout est vanité sous le Soleil*; c'est à dire, tout ce qui est mesuré par les années, tout ce qui est emporté par la rapidité du temps : sortez du temps & du changement; aspirez à l'éternité ; la vanité ne vous tiendra plus asservis. Ne vous étonnez pas si le même Ecclesiaste méprise tout en nous, jusqu'à la sagesse, & ne trouve rien de meilleur, que de goûter en repos le fruit de son travail. La sagesse dont il parle en ce lieu, est cette sagesse insensée, ingenieuse à se tourmenter, habile à se tromper elle-même, qui se corrompt dans le present, qui s'égare dans l'avenir, qui par beaucoup de raisonnemens & de grands efforts ne fait que se consumer inutilement en amassant des choses que le vent emporte. *Hé*, s'écrie ce sage Roi, *y a-t-il rien de si vain?* Et n'a-t-il pas raison de préferer la simplicité d'une vie par-

Ecc. 1. 17. 11. * 12. 24.

Et est quidquam tam vanum? Ecc. 2. 19.

ticuliére, qui goûte doucement & innocemment ce peu de biens que la nature nous donne, aux ſoucis & aux chagrins des avares, aux ſonges inquiets des ambitieux ? Mais *cela même*, dit-il, ce repos, cette douceur de la vie, *eſt encore une vanité* ; parce que la mort trouble, & emporte tout. Laiſſons lui donc mépriſer tous les états de cette vie, puiſqu'enfin de quelque côté qu'on s'y tourne, on voit toûjours la mort en face, qui couvre de tenebres tous nos plus beaux jours. Laiſſons lui égaler le fol & le ſage ; & même, je ne craindrai pas de le dire hautement en cette Chaire, laiſſons lui confondre l'homme avec la bête : *Vnus interitus eſt hominis, & jumentorum.* En effet, juſqu'à ce que nous aions trouvé la veritable Sageſſe ; tant que nous regarderons l'homme par les yeux du corps, ſans y démêler par l'intelligence, ce ſecret principe de toutes nos actions, qui étant

Vidi quod hoc quoque eſſet vanitas. *Ecc.* 2. 1. 11. 8. 10.

Ecc. 3. 19.

capable de s'unir à Dieu, doit neceſſairement y retourner : que verrons-nous autre choſe dans nôtre vie, que de folles inquiétudes? Et que verrons-nous dans nôtre mort, qu'une vapeur qui s'exhale, que des eſprits qui s'épuiſent, que des reſſorts qui ſe démontent & ſe déconcertent, enfin qu'une machine qui ſe diſſout, & qui ſe met en piéces? Ennuïez de ces vanitez, cherchons ce qu'il y a de grand, & de ſolide en nous. Le Sage nous l'a montré dans les derniéres paroles de l'Eccleſiaſte; & bien-tôt MADAME nous le fera paroître dans les
Ecc. 12. 13. derniéres actions de ſa vie. *Crains Dieu, & obſerve ſes Commandemens, car c'eſt là tout homme*: comme s'il diſoit, ce n'eſt pas l'homme que j'ai mépriſé, ne le croiez pas; ce ſont les opinions, ce ſont les erreurs par leſquelles l'homme abuſé ſe deshonore lui-même. Voulez-vous ſçavoir en un mot ce que c'eſt que l'homme?

Tout ſon devoir, tout ſon objet, toute ſa nature, c'eſt de craindre Dieu : tout le reſte eſt vain, je le déclare ; mais auſſi tout le reſte n'eſt pas l'homme. Voici ce qui eſt réel & ſolide, & ce que la mort ne peut enlever : car, ajoûte l'Eccleſiaſte, *Dieu examinera dans ſon Jugement tout ce que nous aurons fait de bien & de mal.* Il eſt donc maintenant aiſé de concilier toutes choſes. Le Pſalmiſte dit, *qu'à la mort periront toutes nos pensées ;* oüi, celles que nous aurons laiſſé emporter au monde, dont la figure paſſe & s'évanoüit. Car encore que nôtre eſprit ſoit de nature à vivre toûjours, il abandonne à la mort tout ce qu'il conſacre aux choſes mortelles ; de ſorte que nos penſées qui devoient être incorruptibles du côté de leur principe, deviennent periſſables du côté de leur objet. Voulez-vous ſauver quelque choſe de ce débris ſi univerſel, ſi inévitable ?

Donnez à Dieu vos affections ; nulle force ne vous ravira ce que vous aurez depoſé en ces mains divines. Vous pourrez hardiment mépriſer la mort, à l'exemple de notre heroïne Chrétienne. Mais afin de tirer d'un ſi bel exemple toute l'inſtruction qu'il nous peut donner, entrons dans une profonde conſidération des conduites de Dieu ſur elle, & adorons en cette Princeſſe le miſtére de la Prédeſtination & de la Grace.

Vous ſçavez que toute la vie Chrétienne, que tout l'ouvrage de nôtre ſalut, eſt une ſuite continuelle de miſericordes : mais le fidele Interprete du miſtere de la Grace, je veux dire le grand Auguſtin, m'apprend cette veritable & ſolide Theologie, que c'eſt dans la premiére Grace, & dans la derniére, que la Grace ſe montre Grace ; c'eſt à dire, que c'eſt dans la vocation qui nous prévient, & dans la perſéverance finale qui nous couronne, que la bonté qui nous sauve, paroît toute gratuite & toute pure. En effet, comme nous changeons deux fois d'état, en passant, premiérement des tenebres à la lumiére, & ensuite de la lumiére imparfaite de la Foi, à la lumiére consommée de la gloire ; comme c'est la vocation qui nous inspire la Foi, & que c'est la perséverance qui nous transmet à la gloire : il a plû à la divine bonté de se marquer elle-même au commencement de ces deux états, par une impression illustre & particuliére, afin que nous confessions que toute la vie du Chrétien, & dans le temps qu'il espére, & dans le temps qu'il jouït, est un miracle de Grace. Que ces deux principaux momens de la Grace ont été bien marquez par les merveilles que Dieu a faites pour le salut éternel de HENRIETTE D'ANGLETERRE ! Pour la donner à l'Eglise, il a fallu renverser tout un grand Roiaume. La grandeur de la Maison d'où elle est sortie, n'étoit pour elle qu'un engagement plus étroit dans le schisme de ses Ancêtres ; disons des derniers de ses Ancêtres, puisque tout ce qui les précede, à remonter jusqu'aux premiers temps, est si pieux & si Catholique. Mais si les loix de l'Etat s'opposent à son salut éternel, Dieu ébranlera tout l'Etat pour l'affranchir de ces loix. Il met les ames à ce prix ; il remuë le ciel & la terre pour enfanter ses éleûs ; & comme rien ne lui est cher que ces enfans de sa dilection éternelle, que ces membres inséparables de son Fils bien-aimé, rien ne lui coûte, pourveû qu'il les sauve. Nôtre Princesse est persecutée avant que de naître, delaissée aussi-tôt que mise au monde, arrachée en naissant à la piété d'une Mere Catholique, captive dés le berceau des ennemis implacables de sa Maison ; & ce

qui étoit plus déplorable, captive des ennemis de l'Egliſe; par conſequent deſtinée premiérement par ſa glorieuſe naiſſance, & enſuite par ſa malheureuſe captivité, à l'erreur & à l'hereſie. Mais le ſceau de Dieu étoit ſur elle. Elle pouvoit dire avec le Prophete: *Mon pere & ma* Pſ. 26. 10.
mere m'ont abandonnée; mais le Seigneur m'a receuë en ſa protection. Delaiſſée de toute la terre dés ma naiſſance, *je fus comme jettée* Pſ. 21. 11.
entre les bras de ſa providence paternelle; & dés le ventre de ma mere, il ſe déclara mon Dieu. Ce fut à cette garde fidele que la Reine ſa mere commit ce précieux dépoſt. Elle ne fut point trompée dans ſa confiance. Deux ans aprés, un coup impréveu, & qui tenoit du miracle, delivra la Princeſſe des mains des rebelles. Malgré les tempêtes de l'Ocean, & les agitations encore plus violentes de la Terre, Dieu la prenant ſur ſes ailes, comme

l'aigle prend ses petits, la porta lui-même dans ce Roiaume; lui-même la posa dans le sein de la Reine sa mere, ou plûtôt dans le sein de l'Eglise Catholique. Là elle apprit les maximes de la pieté veritable, moins par les instructions qu'elle y recevoit, que par les exemples vivans de cette grande & religieuse Reine. Elle a imité ses pieuses liberalitez. Ses aumônes toûjours abondantes se sont répanduës principalement sur les Catholiques d'Angleterre, dont elle a été la fidele protectrice. Digne fille de Saint Edoüard & de Saint Loüis, elle s'attacha du fond de son cœur à la Foi de ces deux grands Rois. Qui pourroit assez exprimer le zele dont elle brûloit pour le rétablissement de cette Foi dans le Roiaume d'Angleterre, où l'on en conserve encore tant de précieux monumens? Nous sçavons qu'elle n'eût pas craint d'exposer sa vie pour un si pieux dessein: Et le ciel nous l'a ravie ! O Dieu ! que prépare ici vôtre éternelle Providence ? Me permettrez-vous, ô Seigneur, d'enviſager en tremblant vos ſaints & redoutables conſeils ? Eſt-ce que les temps de confuſion ne ſont pas encore accomplis ? Eſt-ce que le crime qui fit ceder vos veritez ſaintes à des paſſions malheureuſes, eſt encore devant vos yeux, & que vous ne l'avez pas aſſez puni par un aveuglement de plus d'un ſiécle ? Nous raviſſez-vous HENRIETTE, par un effet du même jugement qui abrégea les jours de la Reine Marie, & ſon regne ſi favorable à l'Egliſe ? Ou bien voulez-vous triompher ſeul ? Et en nous ôtant les moiens dont nos deſirs ſe flattoient, reſervez-vous dans les temps marquez par vôtre Prédeſtination éternelle, de ſecrets retours à l'Etat & à la Maiſon d'Angleterre ? Quoi qu'il en ſoit, ô grand Dieu, recevez-en aujourd'hui les bien-heureuſes prémices en la perſonne de cette Princeſſe. Puiſſe toute ſa Maiſon & tout le Roiaume ſuivre l'exemple de ſa Foi. Ce grand Roi, qui remplit de tant de vertus le Trône de ſes Ancêtres, & fait loüer tous les jours la divine main qui l'y a rétabli comme par miracle, n'improuvera pas nôtre zele, ſi nous ſouhaitons devant Dieu que lui & tous ſes peuples ſoient com-

Act. 26. 29. me nous. *Opto apud Deum, non tantùm te, ſed etiam omnes fieri tales, qualis & ego ſum.* Ce ſouhait eſt fait pour les Rois, & Saint Paul étant dans les fers le fit la premiére fois en faveur du Roi Agrippa ; mais Saint Paul en exceptoit ſes liens, *exceptis vinculis his :* & nous, nous ſouhaitons principalement, que l'Angleterre trop libre dans ſa croiance, trop licentieuſe dans ſes ſentimens, ſoit enchaînée comme nous de ces bienheureux liens, qui empêchent l'orgueil humain de s'égarer dans ſes penſées, en le captivant ſous l'autorité du Saint Eſprit & de l'Egliſe.

Aprés vous avoir expoſé le premier effet de la Grace de Jesus-Christ en nôtre Princeſſe, il me reſte, Messieurs, de vous faire conſiderer le dernier, qui couronnera tous les autres. C'eſt par cette derniére grace que la mort change de nature pour les Chrétiens, puiſqu'au lieu qu'elle ſembloit être faite pour nous dépoüiller de tout, elle commence, comme dit l'Apôtre, à nous revêtir, & nous aſſûre éternellement la poſſeſſion des biens veritables. Tant que nous ſommes detenus dans cette demeure mortelle, nous vivons aſſujetis aux changemens, parce que, ſi vous me permettez de parler ainſi, c'eſt la Loi du païs que nous habitons; & nous ne poſſedons aucun bien, même dans l'ordre de la Grace, que nous ne puiſſions perdre un moment aprés par la mutabilité naturelle de nos deſirs.

Mais aussi-tôt qu'on cesse pour nous de compter les heures, & de mesurer nôtre vie par les jours & par les années, sortis des figures qui passent, & des ombres qui disparoissent, nous arrivons au regne de la verité, où nous sommes affranchis de la Loi des changemens. Ainsi nôtre ame n'est plus en peril ; nos résolutions ne vacillent plus ; la mort, ou plûtôt la Grace de la perseverance finale, a la force de les fixer : & de même que le Testament de JESUS-CHRIST, par lequel il se donne à nous, est confirmé à jamais, suivant le droit des Testamens & la doctrine de l'Apôtre, par la mort de ce divin Testateur ; ainsi la mort du fidele fait que ce bienheureux Testament, par lequel de nôtre côté nous nous donnons au Sauveur, devient irrévocable. Donc, MESSIEURS, si je vous fais voir encore une fois MADAME aux prises avec la mort, n'apprehen-

dez

dez rien pour elle ; quelque cruelle que la mort vous paroiſſe, elle ne doit ſervir à cette fois que pour accomplir l'œuvre de la Grace, & ſceller en cette Princeſſe le conſeil de ſon éternelle Prédeſtination. Voions donc ce dernier combat ; mais encore un coup affermiſſons-nous. Ne mêlons point de foibleſſe à une ſi forte action, & ne deshonorons point par nos larmes une ſi belle victoire. Voulez-vous voir combien la Grace qui a fait triompher MADAME a été puiſſante ? Voiez combien la mort a été terrible. Premiérement elle a plus de priſe ſur une Princeſſe qui a tant à perdre. Que d'années elle va ravir à cette jeuneſſe ? Que de joie elle enleve à cette fortune ? Que de gloire elle ôte à ce merite ? D'ailleurs, peut-elle venir ou plus prompte ou plus cruelle ? C'eſt ramaſſer toutes ſes forces, c'eſt unir tout ce qu'elle a de plus redoutable, que de joindre, comme elle fait, aux plus vives douleurs l'attaque la plus impréveuë. Mais quoi que ſans menacer, & ſans avertir elle ſe faſſe ſentir toute entiere dés le premier coup, elle trouve la Princeſſe prête. La Grace plus active encore l'a déja miſe en défenſe. Ni la gloire, ni la jeuneſſe n'auront un ſoûpir. Un regret immenſe de ſes pechez ne lui permet pas de regretter autre choſe. Elle demande le Crucifix ſur lequel elle avoit veû expirer la Reine ſa belle-mere, comme pour y recueïllir les impreſſions de conſtance & de piété, que cette ame vraiment Chrétienne y avoit laiſſées avec les derniers ſoûpirs. A la veuë d'un ſi grand objet, n'attendez pas de cette Princeſſe des diſcours étudiez & magnifiques : une ſainte ſimplicité fait ici toute la grandeur. Elle s'écrie : *O mon Dieu, pourquoi n'ai-je pas toûjours mis en vous ma confiance ?* Elle s'afflige, elle se rassûre, elle confesse humblement, & avec tous les sentimens d'une profonde douleur, que de ce jour seulement elle commence à connoître Dieu, n'appellant pas le connoître que de regarder encore tant soit peu le monde. Qu'elle nous parut au dessus de ces lâches Chrétiens, qui s'imaginent avancer leur mort, quand ils préparent leur confession; qui ne reçoivent les Saints Sacremens que par force: dignes certes de recevoir pour leur jugement ce mistére de piété, qu'ils ne reçoivent qu'avec repugnance. MADAME appelle les Prêtres plûtôt que les Medecins. Elle demande d'elle-même les Sacremens de l'Eglise; la penitence avec compunction; l'Eucharistie avec crainte, & puis avec confiance; la sainte Onction des mourans avec vn pieux empressement. Bien loin d'en être effraiée, elle veut la recevoir avec connoissance: elle écoute l'explication de ces saintes cerémonies, de ces priéres Apostoliques, qui par une espéce de charme divin suspendent les douleurs les plus violentes, qui font oublier la mort (je l'ai veû souvent) à qui les écoute avec foi; elle les suit, elle s'y conforme; on lui voit paisiblement presenter son corps à cette huile sacrée, ou plûtôt au Sang de JESUS, qui coule si abondamment avec cette précieuse liqueur. Ne croiez pas que ses excessives & insupportables douleurs aient tant soit peu troublé sa grande ame. Ah! je ne veux plus tant admirer les braves, ni les conquerans. MADAME m'a fait connoître la verité de cette parole du Sage: *Le patient vaut mieux que le fort; & celui qui domte son cœur, vaut mieux que celui qui prend des Villes.* Combien a-t-elle été maîtresse du sien? Avec quelle tranquillité a-t-elle satisfait à tous ses devoirs? Rappellez en vôtre pensée ce qu'elle dit à

Melior est patiens viro forti; & qui dominatur animo suo, expugnatore vrbium. *Prov. 16. 32.*

MONSIEUR. Quelle force ! quelle tendreſſe ! O paroles qu'on voioit ſortir de l'abondance d'un cœur qui ſe ſent au deſſus de tout ; paroles que la mort preſente, & Dieu plus preſent encore, ont conſacrées ; ſincere production d'une ame, qui tenant au Ciel, ne doit plus rien à la Terre que la verité, vous vivrez éternellement dans la memoire des hommes, mais ſur tout vous vivrez éternellement dans le cœur de ce grand Prince. MADAME ne peut plus réſiſter aux larmes qu'elle lui voit répandre. Invincible par tout autre endroit, ici elle eſt contrainte de céder. Elle prie MONSIEUR de ſe retirer, parce qu'elle ne veut plus ſentir de tendreſſe que pour ce Dieu crucifié qui lui tend les bras. Alors qu'avons-nous veû ? Qu'avons-nous oüi ? Elle ſe conformoit aux ordres de Dieu ; elle lui offroit ſes ſouffrances, en expiation de ſes fautes ; elle profeſſoit hautement la Foi Catholique, & la Resurrection des morts, cette précieuse consolation des fideles mourans. Elle excitoit le zele de ceux qu'elle avoit appellez pour l'exciter elle-même, & ne vouloit point qu'ils cessassent vn moment de l'entretenir des veritez Chrétiennes. Elle souhaita mille fois d'être plongée au Sang de l'Agneau; c'étoit vn nouveau langage que la Grace lui apprenoit. Nous ne voions en elle, ni cette ostentation par laquelle on veut tromper les autres, ni ces émotions d'une ame alarmée, par lesquelles on se trompe soi-même. Tout étoit simple, tout étoit solide, tout étoit tranquille; tout partoit d'une ame soumise, & d'une source sanctifiée par le S. Esprit.

En cét état, MESSIEURS, qu'avions nous à demander à Dieu pour cette Princesse, sinon qu'il l'affermît dans le bien, & qu'il conservât en elle les dons de ſa Grace ? Ce grand Dieu nous exauçoit ; mais ſouvent, dit Saint Auguſtin , en nous exauçant il trompe heureuſement nôtre prévoiance. La Princeſſe eſt affermie dans le bien d'une maniére plus haute que celle que nous entendions. Comme Dieu ne vouloit plus expoſer aux illuſions du monde les ſentimens d'une pieté ſi ſincére , il a fait ce que dit le Sage : *Il s'eſt hâté.* (En effet, quelle diligence ? En neuf heures l'ouvrage eſt accompli.) *Il s'eſt hâtê de la tirer du milieu des iniquitez.* Voila, dit le grand Saint Ambroiſe, la merveille de la mort dans les Chrétiens. Elle ne finit pas leur vie ; elle ne finit que leurs pechez, & les perils où ils ſont expoſez. Nous nous ſommes plaints que la mort ennemie des fruits que nous promettoit la Princeſſe, les a ravagez dans la fleur ; qu'elle a effacé , pour ainſi dire , ſous le pinceau même un tableau qui s'a-

Properavit educere de medio iniquitatum. *Sap. 4. 14.*

Finis factus eſt erroris, quia culpa non natura defecit. *De bono mortis.*

vançoit à la perfection avec une incroiable diligence, dont les premiers traits, dont le ſeul deſſein montroit déja tant de grandeur. Changeons maintenant de langage; ne diſons plus que la mort a tout d'un coup arrêté le cours de la plus belle vie du monde, & de l'Hiſtoire qui ſe commençoit le plus noblement. Diſons qu'elle a mis fin aux plus grand perils dont une ame Chrétienne peut être aſſaillie. Et pour ne point parler ici des tentations infinies qui attaquent à chaque pas la foibleſſe humaine, quel péril n'eût point trouvé cette Princeſſe dans ſa propre gloire? La gloire: Qui a-t-il pour le Chrétien de plus pernicieux & de plus mortel? Quel appas plus dangereux? Quelle fumée plus capable de faire tourner les meilleures têtes? Conſiderez la Princeſſe; repreſentez-vous cét eſprit, qui répandu par tout ſon exterieur, en rendoit les graces ſi vives : tout étoit eſprit, tout étoit bonté. Affable à tous avec dignité, elle ſçavoit eſtimer les uns ſans fâcher les autres ; & quoi que le merite fût diſtingué, la foibleſſe ne ſe ſentoit pas dédaignée. Quand quelqu'un traitoit avec elle, il ſembloit qu'elle eût oublié ſon rang pour ne ſe soûtenir que par ſa raiſon. On ne s'appercevoit preſque pas qu'on parlât à une perſonne ſi élevée; on ſentoit ſeulement au fonds de ſon cœur qu'on eût voulu lui rendre au centuple la grandeur dont elle ſe dépoüilloit ſi obligeamment. Fidele en ſes paroles, incapable de déguiſement, ſûre à ſes amis, par la lumiére & la droiture de ſon eſprit elle les mettoit à couvert des vains ombrages, & ne leur laiſſoit à craindre que leurs propres fautes. Trés-reconnoiſſante des ſervices, elle aimoit à prévenir les injures par ſa bonté ; vive à les ſentir, facile à les pardonner. Que dirai-je de sa liberalité ? Elle donnoit non seulement avec joie , mais avec une hauteur d'ame, qui marquoit tout ensemble , & le mépris du don , & l'estime de la personne. Tantôt par des paroles touchantes, tantôt même par son silence elle relevoit ses presens ; & cét art de donner agréablement , qu'elle avoit si bien pratiqué durant sa vie, l'a suivie, je le sçai, jusqu'entre les bras de la mort. Avec tant de grandes & tant d'aimables qualitez , qui eût pû lui refuser son admiration ? Mais avec son credit , avec sa puissance, qui n'eût voulu s'attacher à elle ? N'alloit-elle pas gagner tous les cœurs ? c'est à dire, la seule chose qu'ont à gagner ceux à qui la naissance & la fortune semblent tout donner ; & si cette haute élevation est un précipice affreux pour les Chrétiens, ne puis-je pas dire, MESSIEURS, pour me servir des paroles fortes du plus grave des Historiens, *qu'elle alloit être précipitée dans la gloire ?* Car quelle créature fut jamais plus propre à être l'idole du monde ? Mais ces idoles que le monde adore, à combien de tentations délicates ne sont-elles pas exposées ? La gloire, il est vrai, les défend de quelques foiblesses ; mais la gloire les défend-t-elle de la gloire même ? Ne s'adorent-elles pas secretement ? Ne veulent-elles pas être adorées ? Que n'ont-elles pas à craindre de leur amour propre ? Et que se peut refuser la foiblesse humaine, pendant que le monde lui accorde tout ? N'est-ce pas là qu'on apprend à faire servir à l'ambition, à la grandeur, à la politique, & la Vertu, & la Religion, & le nom de Dieu ? La modération que le monde affecte, n'étoufe pas les mouvemens de la vanité ; elle ne sert qu'à les cacher ; & plus elle ménage le dehors, plus elle livre le cœur aux sentimens les plus

In ipsam gloriam præceps agebatur.

délicats & les plus dangereux de la fausse gloire. On ne compte plus que soi-même ; & on dit au fonds de son cœur : *Je suis, & il n'y a que moi sur la terre.* En cét état, MESSIEURS, la vie n'est-elle pas un peril ? La mort n'est-elle pas une grace ? Que ne doit-on craindre de ses vices, si les bonnes qualitez sont si dangereuses ? N'est-ce donc pas un bienfait de Dieu d'avoir abregé les tentations avec les jours de MADAME ? De l'avoir arrachée à sa propre gloire, avant que cette gloire par son excés eût mis en hazard sa modération ? Qu'importe que sa vie ait été si courte ? Jamais ce qui doit finir ne peut être long. Quand nous ne compterions point ses confessions plus exactes, ses entretiens de dévotion plus frequens, son application plus forte à la piété dans les derniers temps de sa vie : ce peu d'heures saintement passées parmi les plus rudes épreuves, & dans les sentimens les plus

Ego sum, & præter me non est altera. *Is.* 47. 10.

purs du Chriſtianiſme, tiennent lieu toutes ſeules d'un âge accompli. Le temps a été court, je l'avouë; mais l'operation de la Grace a été forte; mais la fidelité de l'ame a été parfaite. C'eſt l'effet d'un art conſommé de reduire en petit tout un grand ouvrage; & la Grace, cette excellente ouvriére ſe plaît quelquefois à renfermer en un jour la perfection d'une longue vie. Je ſçai que Dieu ne veut pas qu'on s'attende à de tels miracles; mais ſi la temerité inſenſée des hommes abuſe de ſes bontez, ſon bras pour cela n'eſt pas racourci, & ſa main n'eſt pas affoiblie. Je me confie pour MADAME en cette miſericorde, qu'elle a ſi ſincerement & ſi humblement reclamée. Il ſemble que Dieu ne lui ait conſervé le jugement libre juſques au dernier ſoûpir, qu'afin de faire durer les témoignages de ſa Foi. Elle a aimé en mourant le Sauveur JESUS; les bras lui ont manqué plûtôt que l'ardeur d'embrasser la Croix ; j'ai veû sa main défaillante chercher encore en tombant de nouvelles forces, pour appliquer sur ses lévres ce bienheureux signe de nôtre Redemption : n'est-ce pas mourir entre les bras & dans le baiser du Seigneur ? Ah ! nous pouvons achever ce saint Sacrifice pour le repos de MADAME, avec une pieuse confiance. Ce JESUS en qui elle a esperé, dont elle a porté la Croix en son corps, par des douleurs si cruelles, lui donnera encore son Sang, dont elle est déja toute teinte, toute penetrée, par la participation à ses Sacremens, & par la Communion avec ses souffrances. Mais en priant pour son ame, CHRE'TIENS, songeons à nous-mêmes. Qu'attendons-nous pour nous convertir ? Et quelle dureté est semblable à la nôtre, si un accident si étrange qui devroit nous penetrer jusqu'au fonds de l'ame, ne fait que nous étourdir pour quelques momens ? Attendons-nous que Dieu ressuscite des morts pour nous instruire ? Il n'est point necessaire que les morts reviennent, ni que quelqu'un sorte du tombeau ; ce qui entre aujourd'hui dans le tombeau doit suffire pour nous convertir. Car si nous sçavons nous connoître, nous confesserons, CHRÉTIENS, que les veritez de l'Eternité sont assez bien établies ; nous n'avons rien que de foible à leur opposer ; c'est par passion, & non par raison, que nous osons les combattre. Si quelque chose les empêche de regner sur nous, ces saintes & salutaires veritez, c'est que le monde nous occupe ; c'est que les sens nous enchantent ; c'est que le present nous entraîne. Faut-il un autre spectacle pour nous détromper, & des sens, & du present, & du monde ? La Providence divine pouvoit-elle nous mettre en veuë, ni de plus prés, ni plus fortement, la vanité des choſes humaines ? Et ſi nos cœurs s'endurciſſent aprés un avertiſſement ſi ſenſible, que lui reſte-t-il autre choſe, que de nous fraper nous-mêmes ſans miſericorde ? Prévenons un coup ſi funeſte, & n'attendons pas toûjours des miracles de la Grace. Il n'eſt rien de plus odieux à la ſouveraine Puiſſance, que de la vouloir forcer par des exemples, & de lui faire une loi de ſes graces & de ſes faveurs. Qu'y a-t-il donc, Chrétiens, qui puiſſe nous empêcher de recevoir, ſans differer, ſes inſpirations. Quoi ! Le charme de ſentir eſt-il ſi fort que nous ne puiſſions rien prévoir ? Les adorateurs des grandeurs humaines ſeront-ils ſatisfaits de leur fortune, quand ils verront que dans un moment leur gloire paſſera à leur nom, leurs titres à leurs tombeaux, leurs biens à des ingrats, & leurs dignitez peut-eſtre à leurs envieux ? Que ſi nous ſommes aſſûrez qu'il viendra vn dernier jour, où la mort nous forcera de confeſſer toutes nos erreurs, pourquoi ne pas mépriſer par raiſon, ce qu'il faudra un jour mépriſer par force ? Et quel eſt nôtre aveuglement, ſi toûjours avançans vers nôtre fin, & plûtôt mourans que vivans, nous attendons les derniers ſoûpirs pour prendre les ſentimens que la ſeule penſée de la mort nous devroit inſpirer à tous les momens de nôtre vie ? Commencez aujourd'hui à mépriſer les faveurs du monde : & toutes les fois que vous ſerez dans ces lieux auguſtes, dans ces ſuperbes Palais, à qui MADAME donnoit un éclat, que vos yeux recherchent encore ; toutes les fois, que regardant cette grande place qu'elle rempliſſoit ſi bien, vous ſentirez qu'elle y manque : ſongez que cette gloire que vous admiriez, faiſoit ſon peril en cette vie, & que dans l'autre elle eſt devennë le ſujet d'un examen ri-goureux, où rien n'a été capable de la raſſûrer que cette ſincere reſignation qu'elle a euë aux ordres de Dieu, & les ſaintes humiliations de la Penitence.

EXTRAIT DV PRIVILEGE du Roy.

PAR Lettres Patentes du Roi, données à Paris le 12. Octobre 1670. signées D'ALENCÉ, & scellées du grand Sceau de cire jaune, il est permis à SEBASTIEN MABRE-CRAMOISY Imprimeur de Sa Majesté, & Directeur de son Imprimerie Roiale du Louvre, d'imprimer *les Oraisons Funébres prononcées par Monseigneur l'Evesque & Seigneur de Condom, Précepteur de Monseigneur le Dauphin.* Avec défenses à toutes personnes, de quelque qualité & condition qu'elles soient, d'imprimer, ou faire imprimer lesdites Oraisons Funébres, *&c.*